Made in the USA
Las Vegas, NV
05 February 2022

43221338R00057